Impressum
Verlag: BABADADA GmbH, Nedderfeld 112 , 22529 Hamburg
Geschäftsführer / Verlagsleitung: Harald Hof
Druck: Books on Demand GmbH, In de Tarpen 42, 22848 Norderstedt

Imprint
Publisher: BABADADA GmbH, Nedderfeld 112 , 22529 Hamburg, Germany
Managing Director / Publishing direction: Harald Hof
Print: Books on Demand GmbH, In de Tarpen 42, 22848 Norderstedt

sekolah
colegio

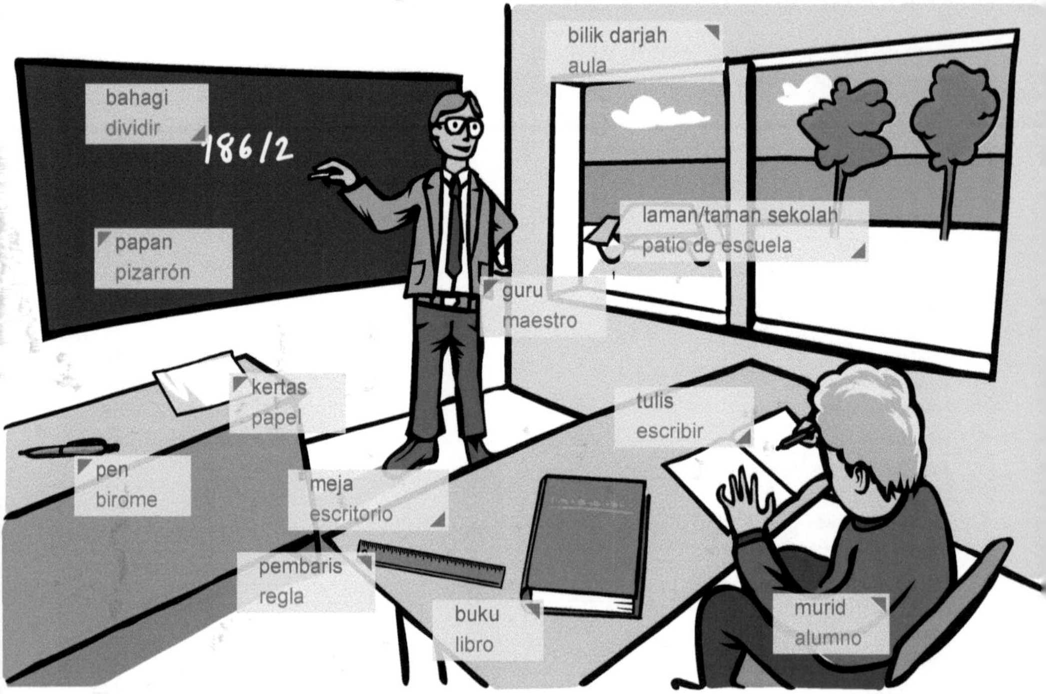

bilik darjah
aula
bahagi
dividir
186/2
laman/taman sekolah
patio de escuela
papan
pizarrón
guru
maestro
kertas
papel
tulis
escribir
pen
birome
meja
escritorio
pembaris
regla
buku
libro
murid
alumno

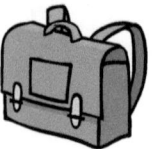

beg galas

mochila

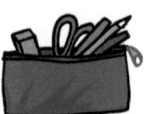

kotak pensel

caja de lápices

pensel

lápiz

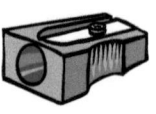

pengasah pensel

sacapuntas

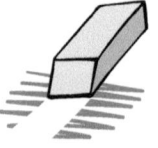

pemadam

goma (de borrar)

kertas lukisan

bloc de dibujo

melukis

dibujo

berus lukis

pincel

kotak warna

caja de pinturas

gunting

tijera

gam

pegamento

buku latihan

cuaderno de ejercicios

kerja rumah

tarea

nombor

número

tambah

sumar

tolak

restar

darab

multiplicar

kira

calcular

huruf

letra

abjad

abecedario

kata

palabra

teks

texto

baca

leer

kapur

tiza

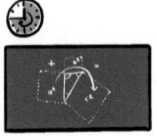

pelajaran

lección

daftar

cuaderno de clase

peperiksaan

examen

sijil

certificado

uniform sekolah

uniforme escolar

pendidikan

educación

ensiklopedia

enciclopedia

universiti

universidad

mikroskop

microscopio

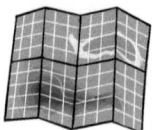

peta

mapa

bakul sampah

tacho (de basura)

berjalan
viaje

hotel
hotel
Grand
asrama
hostel
ROOMS
pejabat tukaran mata wang
casa de cambio
EXCHANGE
beg pakaian
valija
kereta
auto

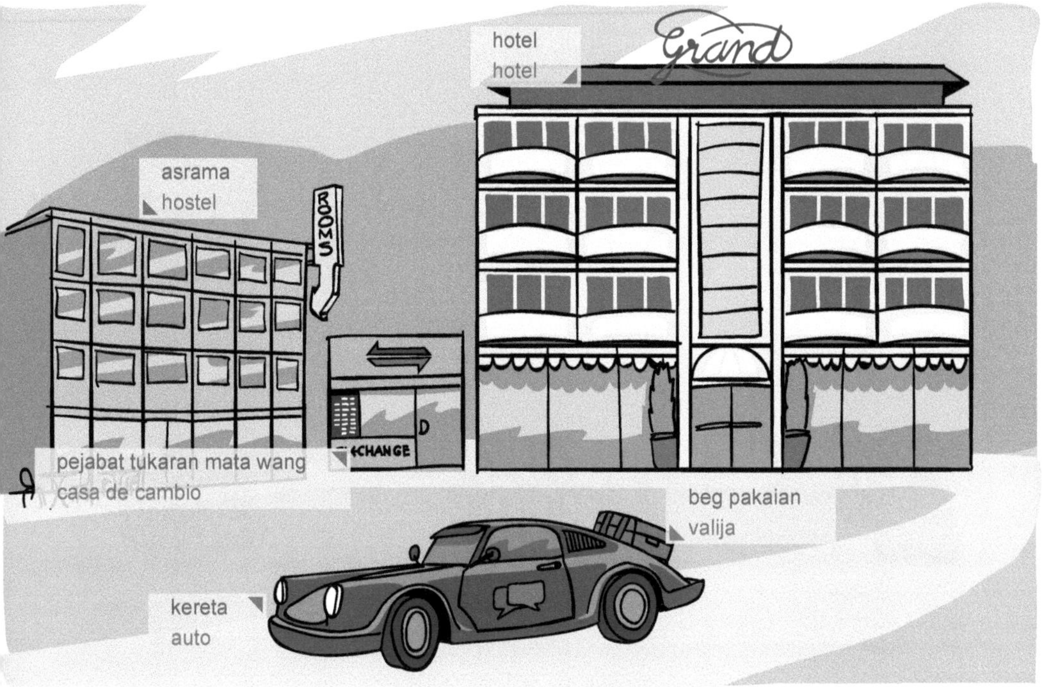

bahasa

idioma

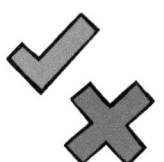

ya / tidak

sí / no

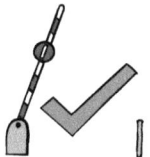

okey

Está bien

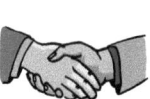

helo

hola

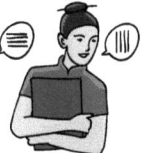

penterjemah

traductor

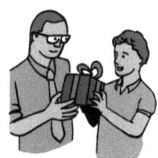

Terima kasih

Gracias

berapa banyak...?

¿cuánto cuesta...?

saya tidak faham

No entiendo

masalah

problema

Selamat petang!

¡Buenas tardes!

Selamat Pagi!

¡Buenos días!

Selamat Malam!

¡Buenas noches!

selamat tinggal

adiós

arah

dirección

bagasi

equipaje

beg

bolso

beg galas

mochila

tetamu

invitado

bilik tidur

habitación

beg tidur

bolsa de dormir

khemah

carpa

maklumat pelancong

información turística

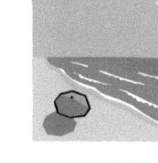

pantai

playa

kad kredit

tarjeta de crédito

sarapan

desayuno

makan tengah hari

almuerzo

makan malam

cena

tiket

pasaje

lif

ascensor

setem

sello

sempadan

frontera

kastam

aduana

kedutaan

embajada

visa

visa

pasport

pasaporte

pengangkutan
transporte

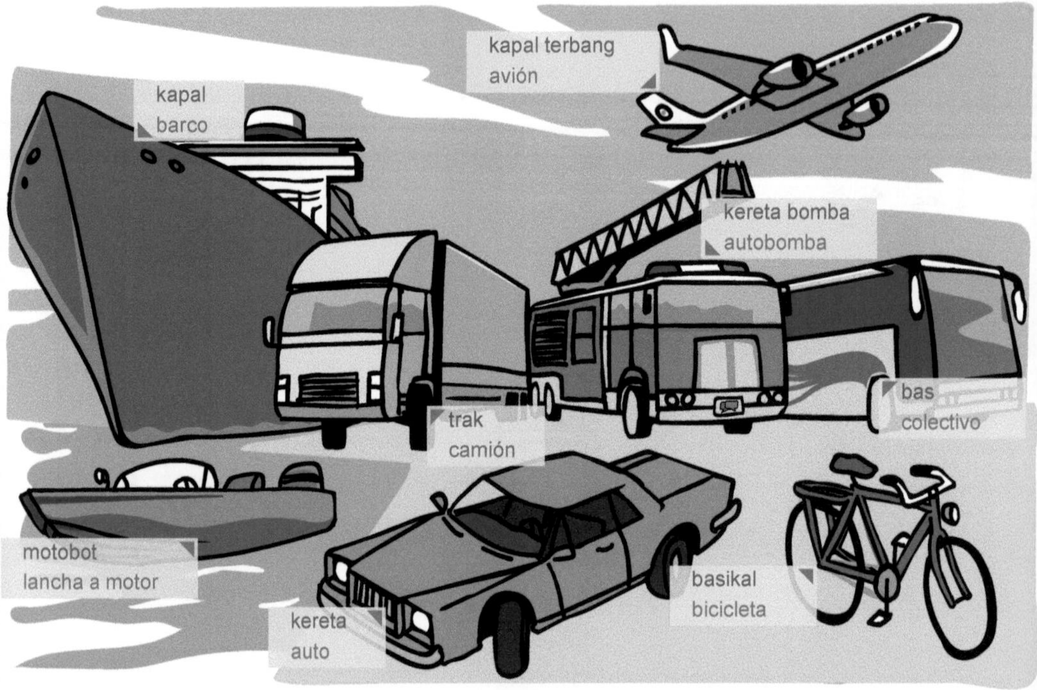
kapal terbang
avión
kapal
barco
kereta bomba
autobomba
bas
colectivo
trak
camión
motobot
lancha a motor
basikal
bicicleta
kereta
auto

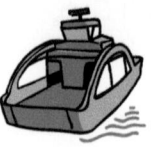

feri
ferry

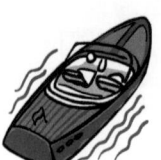

bot
bote

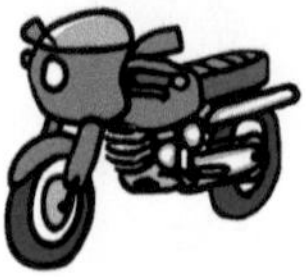

motosikal
moto

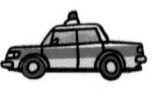

kereta polis
patrullero

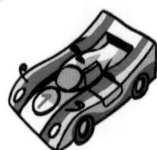

kereta lumba
auto de carreras

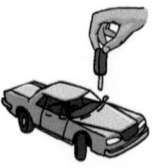

kereta sewa
auto de alquiler

berkongsi kereta

alquiler de autos

trak tunda

grúa

trak menolak

camión de basura

motor

motor

bahan api

nafta

stesen minyak

estación de servicio

tanda trafik

señal de tránsito

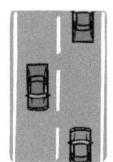

trafik

tránsito

kesesakan lalu lintas

embotellamiento

tempat parkir

estacionamiento

stesen kereta api

estación de tren

trek

vías

kereta api

tren

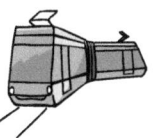

trem

tranvía

gerabak

vagón

helikopter

helicóptero

lapangan terbang

aeropuerto

Menara

torre

penumpang

pasajero

bekas

contenedor

kadbod

caja de cartón

kart

carretilla

bakul

canasta

berlepas / mendarat

despegar / aterrizar

bandar

ciudad

kampung

pueblo

pusat bandar

centro de ciudad

rumah

casa

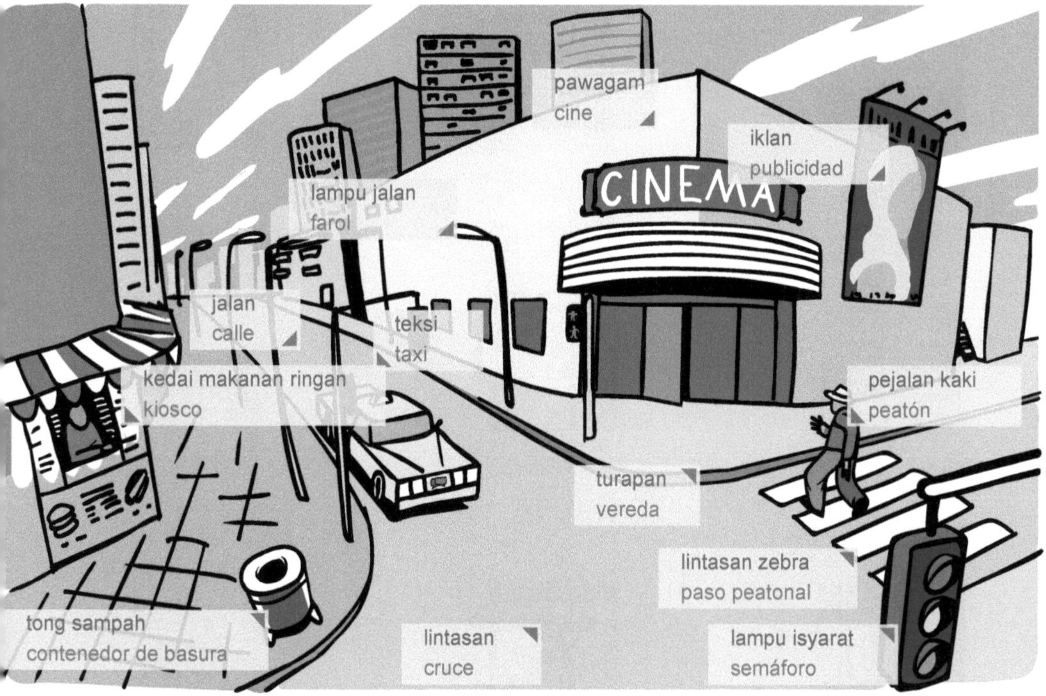

pawagam
cine

iklan
publicidad

CINEMA

lampu jalan
farol

jalan
calle

teksi
taxi

kedai makanan ringan
kiosco

pejalan kaki
peatón

turapan
vereda

lintasan zebra
paso peatonal

tong sampah
contenedor de basura

lintasan
cruce

lampu isyarat
semáforo

pondok

cabaña

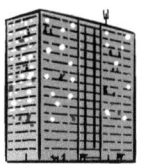

flat

departamento

stesen kereta api

estación de tren

dewan bandar

municipalidad

muzium

museo

sekolah

colegio

universiti

universidad

bank

banco

hospital

hospital

hotel

hotel

farmasi

farmacia

pejabat

oficina

kedai buku

librería

kedai

negocio

kedai bunga

florería

pasar raya

supermercado

pasaran

mercado

gedung

grandes tiendas

penjual ikan

pescadería

pusat membeli-belah

centro comercial

pelabuhan

puerto

taman
parque

bangku
banco

jambatan
puente

tangga
escaleras

bawah tanah
subte

terowong
túnel

hentian bas
parada del colectivo

bar
bar

restoran
restaurante

peti surat
buzón

papan tanda jalan
letrero

meter parkir
parquímetro

zoo
zoológico

kolam renang
pileta

masjid
mezquita

ladang

granja

pencemaran

contaminación

tanah perkuburan

cementerio

gereja

iglesia

taman permainan

juegos infantiles

kuil

templo

landskap

paisaje

daun
hoja

tiang tanda
poste indicador

jalan
camino

padang rumput
pradera

batu
piedra

pokok
árbol

pejalan kaki
excursionista

sungai
río

rumput
hierba

bunga
flor

lembah

valle

bukit

montaña

tasik

lago

hutan

bosque

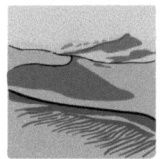

padang pasir

desierto

gunung berapi

volcán

istana

castillo

pelangi

arco iris

cendawan

champiñón

pokok kelapa sawit

palmera

nyamuk

mosquito

terbang

mosca

semut

hormiga

lebah

abeja

labah-labah

araña

kumbang

escarabajo

katak

rana

tupai

ardilla

landak

erizo

arnab

liebre

burung hantu

lechuza

burung

pájaro

angsa

cisne

babi jantan

jabalí

rusa

ciervo

moose

alce

empangan

presa

turbin angin

aerogenerador

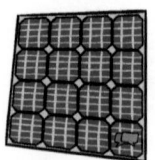

panel solar

panel solar

iklim

clima

restoran
restaurante

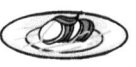

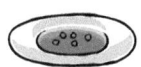

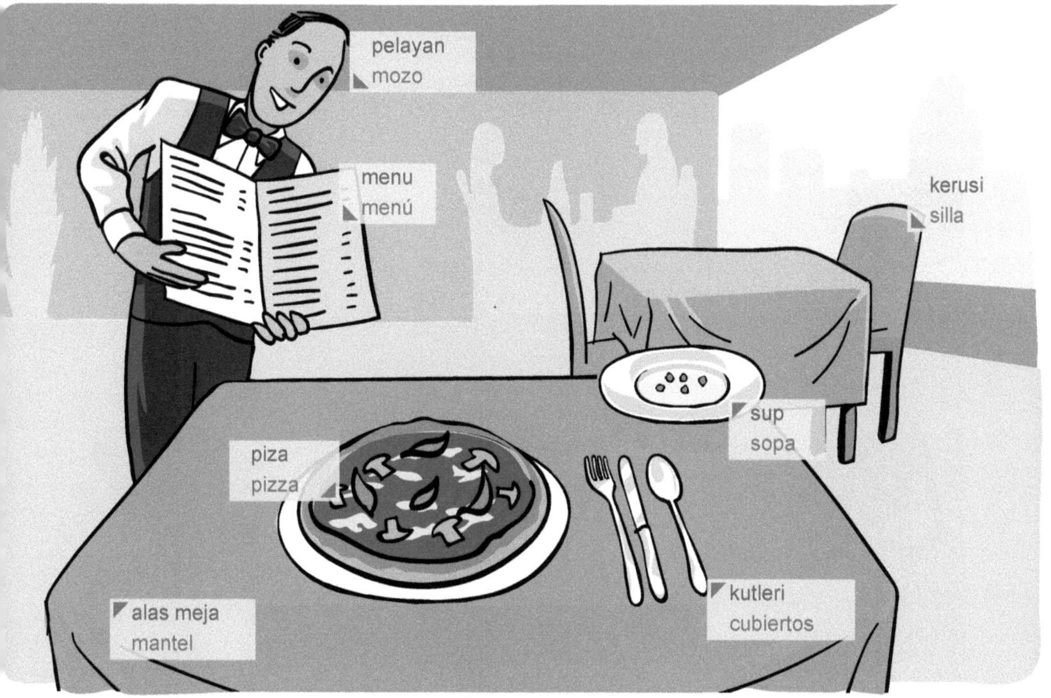
pelayan
mozo
menu
menú
kerusi
silla
sup
sopa
piza
pizza
kutleri
cubiertos
alas meja
mantel

pemula

entrada

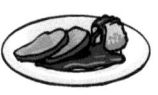

hidangan utama

plato principal

pencuci mulut

postre

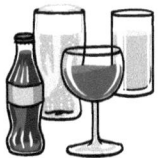

minuman

bebidas

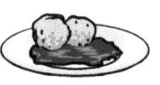

makanan

comida

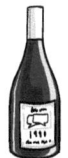

botol

botella

makanan segera

comida rápida

makanan jalanan

comida callejera

teko

tetera

mangkuk gula

azucarera

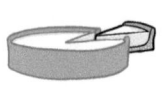

bahagian

porción

mesin espreso

cafetera expreso

kerusi tinggi

sillita alta

bil

cuenta

dulang

bandeja

pisau

cuchillo

garfu

tenedor

sudu

cuchara

sudu teh

cucharita

serviette

servilleta

gelas

vaso

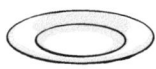

pinggan

plato

mangkuk sup

plato hondo

piring

plato

sos

salsa

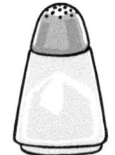

tempat garam

salero

pengisar lada

molinillo de pimienta

cuka

vinagre

minyak

aceite

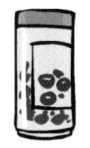

rempah

especias

sos

kétchup

mustard

mostaza

mayones

mayonesa

pasar raya
supermercado

tawaran istimewa
oferta especial
FOR
pelanggan
cliente
tenusu
lácteos
buah-buahan
fruta
troli
changuito

BUTCHERS

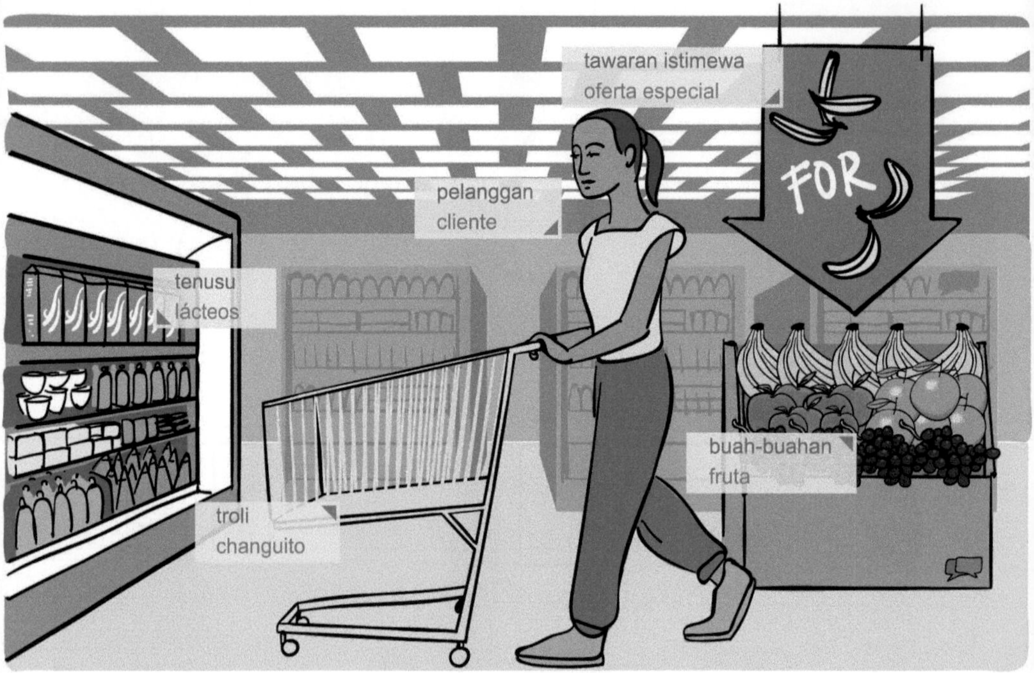

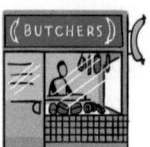

tukang daging

carnicería

BAKERY

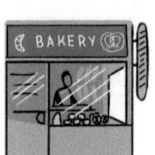

kedai roti

panadería

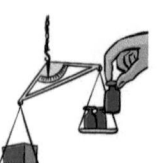

berat

pesar

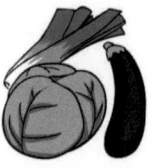

sayur-sayuran

verduras

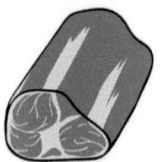

daging

carne

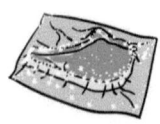

makanan sejuk beku

alimentos congelados

daging sejuk

fiambres

makanan dalam tin

alimentos enlatados

serbuk pencuci

detergente en polvo

gula-gula

golosinas

produk isi rumah

electrodomésticos

produk pembersihan

productos de limpieza

orang jualan

vendedora

daftar tunai

caja

juruwang

cajero

senarai membeli-belah

lista de compras

waktu pembukaan

horario de atención

beg duit

billetera

kad kredit

tarjeta de crédito

beg

cartera

beg plastik

bolsa de plástico

air

agua

jus

jugo

susu

leche

kola

bebida cola

wain

vino

bir

cerveza

alkohol

alcohol

koko

cacao

the

té

kopi

café

espreso

café expreso

kapucino

cappuccino

pisang

banana

epal

manzana

oren

naranja

tembikai

melón

lemon

limón

lobak merah

zanahoria

bawang putih

ajo

buluh

bambú

bawang

cebolla

cendawan

champiñón

kacang

nueces

mi

fideos

spageti

tallarines

nasi

arroz

salad

ensalada

kerepek

papas fritas

kentang goreng

papas fritas

piza

pizza

hamburger

hamburguesa

sandwic

sándwich

kutlet

churrasco

ham

jamón

salami

salame

sosej

salchicha

ayam

pollo

panggang

asado

ikan

pescado

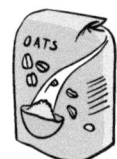

bubur oat

copos de avena

muesli

muesli

emping jagung

copos de maíz

tepung

harina

kroisan

medialuna

roti roll

pancito

roti

pan

roti bakar

tostada

biskut

galletitas

mentega

manteca

dadih

cuajada

kek

torta

telur

huevo

telur goreng

huevo frito

keju

queso

ais krim

helado

gula

azúcar

madu

miel

jem

mermelada

krim nougat

pasta de chocolate

kari

curry

makanan - comida

ladang
granja

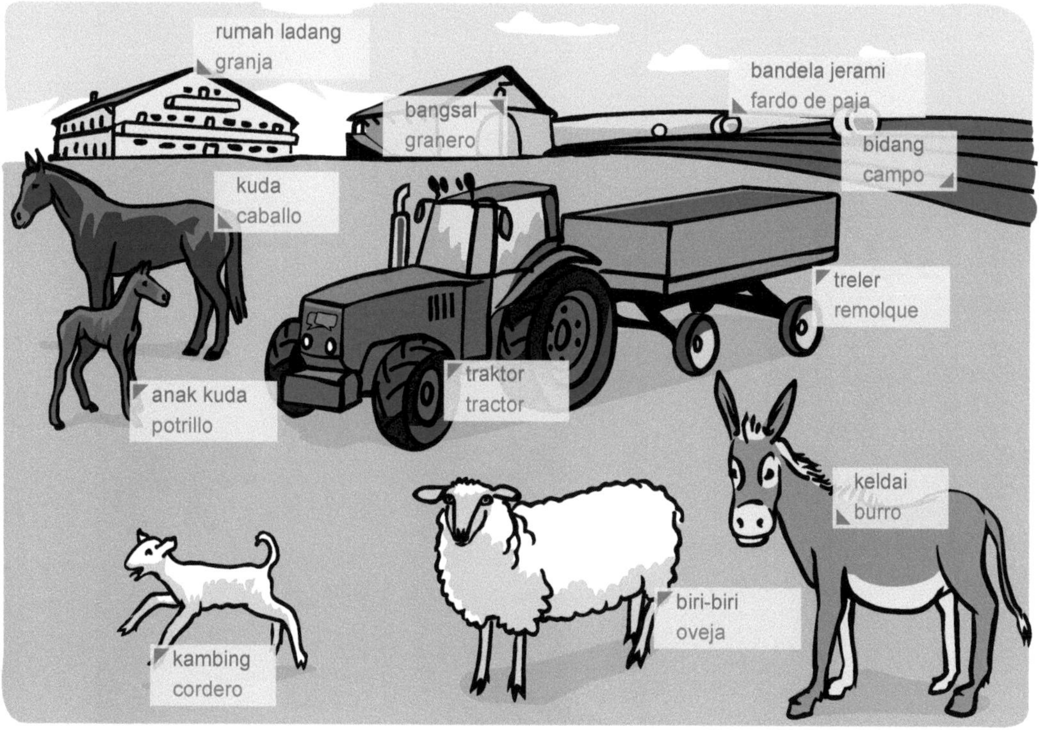
rumah ladang
granja
bandela jerami
fardo de paja
bangsal
granero
bidang
campo
kuda
caballo
treler
remolque
traktor
tractor
anak kuda
potrillo
keldai
burro
biri-biri
oveja
kambing
cordero

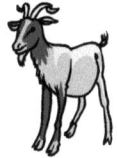

kambing

cabra

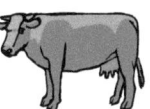

lembu

vaca

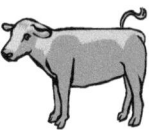

anak lembu

ternero

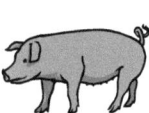

babi

cerdo

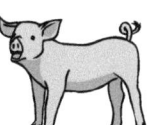

anak babi

lechón

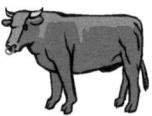

lembu

toro

angsa

ganso

itik

pato

anak ayam

pollo

ayam betina

gallina

ayam jantan muda

gallo

tikus

rata

kucing

gato

tikus

ratón

lembu jantan

buey

anjing

perro

rumah anjing

cucha

hos taman

manguera

bekas siraman

regadera

sabit

guadaña

bajak

arado

sabit

hoz

cangkul

azada

serampang peladang

horquilla

kapak

hacha

kereta sorong

carretilla

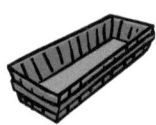

palung

abrevadero

tin susu

lechera

karung

bolsa

pagar

reja

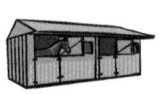

stabil

establo

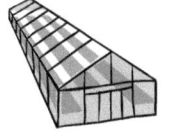

rumah hijau

invernadero

tanah

suelo

benih

semilla

baja

fertilizador

jentuai

cosechadora

tuai

cosechar

menuai

cosecha

keladi

batatas

gandum

trigo

soya

soja

kentang

papa

jagung

maíz

biji sawi

semilla de colza

pokok buah-buahan

árbol frutal

ubi kayu

mandioca

bijirin

cereales

rumah

casa

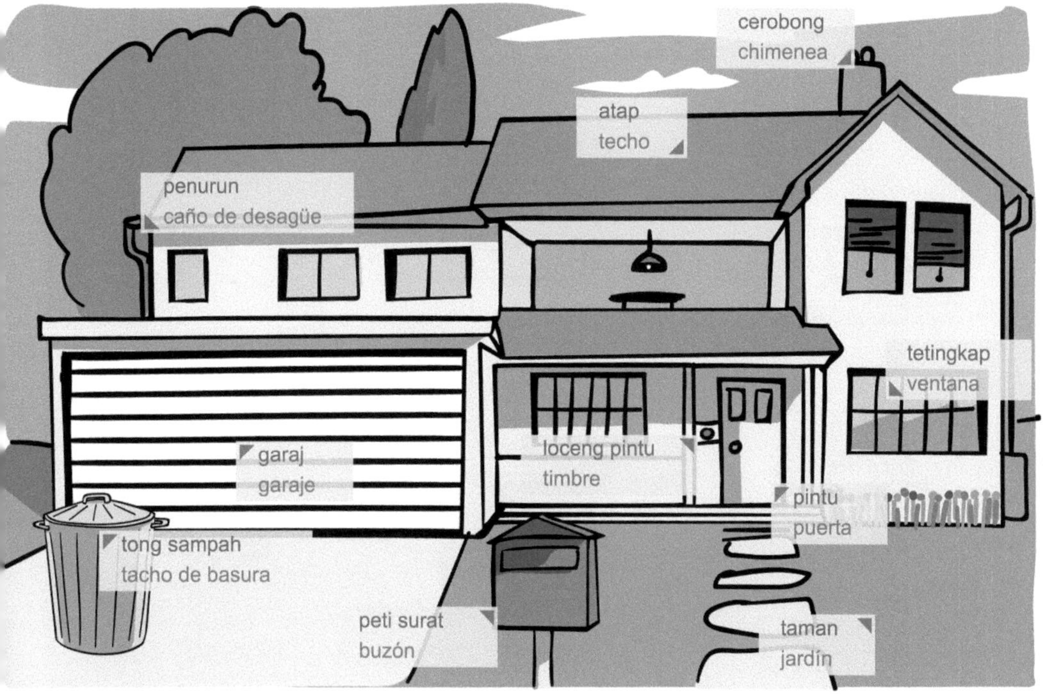
cerobong
chimenea
atap
techo
penurun
caño de desagüe
tetingkap
ventana
garaj
garaje
loceng pintu
timbre
pintu
puerta
tong sampah
tacho de basura
peti surat
buzón
taman
jardín

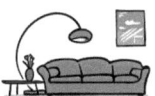

ruang tamu

living

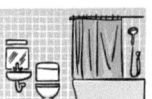

bilik air

baño

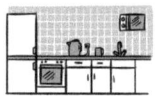

dapur

cocina

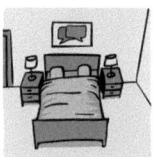

bilik tidur

dormitorio

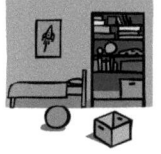

bilik kanak-kanak

cuarto de los chicos

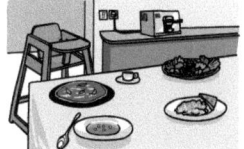

ruang makan

comedor

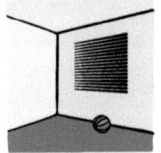

lantai

piso

dinding

pared

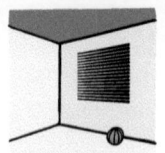

siling

cielorraso

bilik bawah tanah

sótano

sauna

sauna

balkoni

balcón

teres

terraza

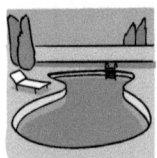

kolam renang

pileta

pemotong rumput

cortadora de pasto

lembaran

sábana

penutup tilam

acolchado

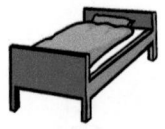

katil

cama

penyapu

escoba

timba

balde

suis

interruptor

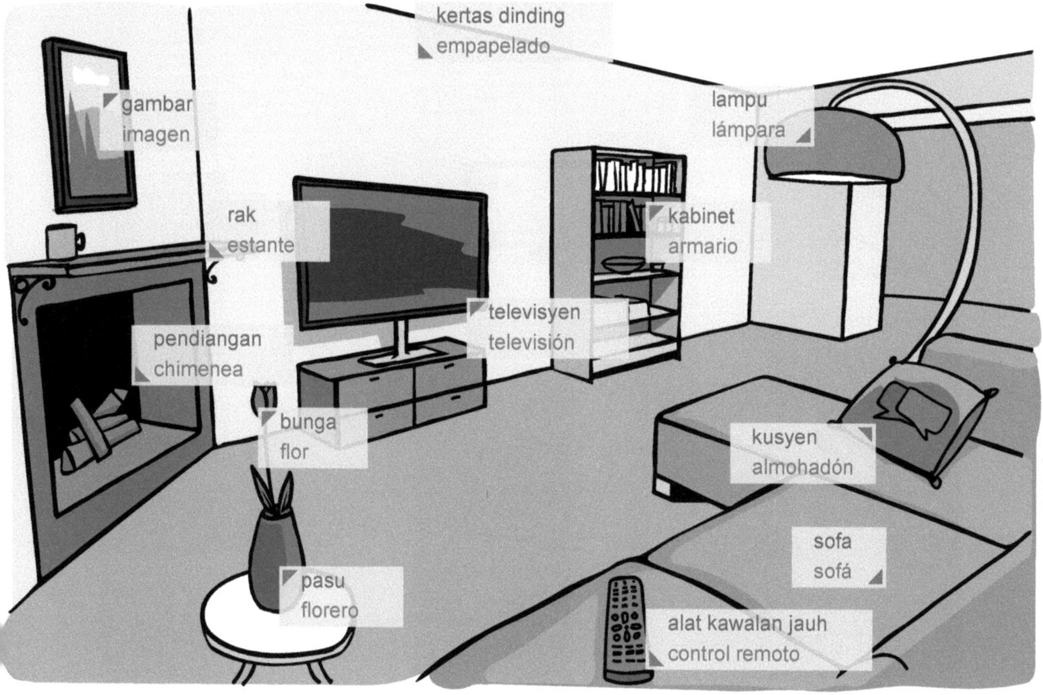

kertas dinding
empapelado

gambar
imagen

lampu
lámpara

rak
estante

kabinet
armario

televisyen
televisión

pendiangan
chimenea

bunga
flor

kusyen
almohadón

sofa
sofá

pasu
florero

alat kawalan jauh
control remoto

permaidani

alfombra

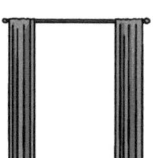

tirai

cortina

meja

mesa

kerusi

silla

kerusi malas

mecedora

kerusi

sillón

buku

libro

selimut

frazada

hiasan

decoración

kayu api

leña

filem

película

hi-fi

equipo de música

kunci

llave

akhbar

diario

lukisan

pintura

poster

póster

radio

radio

buku catatan

cuaderno

penyedut habuk

aspiradora

kaktus

cactus

lilin

vela

dapur
cocina

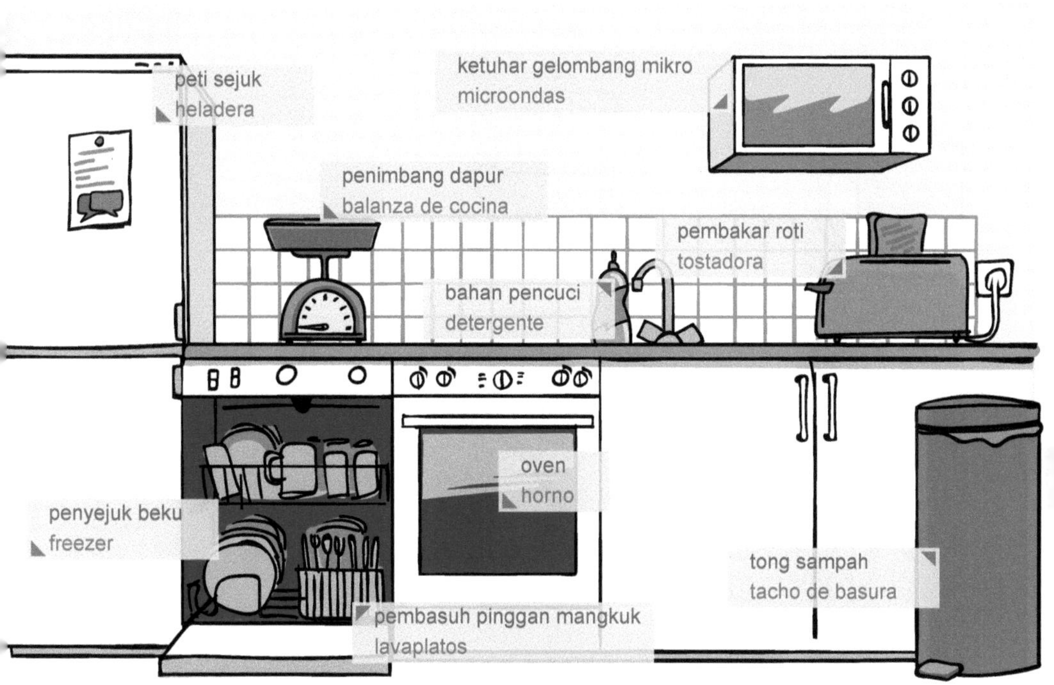

peti sejuk
heladera
ketuhar gelombang mikro
microondas
penimbang dapur
balanza de cocina
pembakar roti
tostadora
bahan pencuci
detergente
oven
horno
penyejuk beku
freezer
tong sampah
tacho de basura
pembasuh pinggan mangkuk
lavaplatos

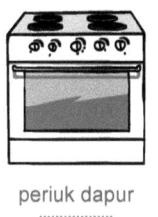

periuk dapur

cocina

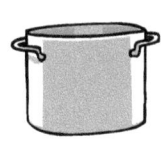

periuk

olla

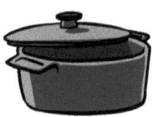

periuk besi

olla de hierro fundido

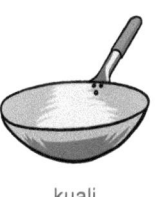

kuali

wok

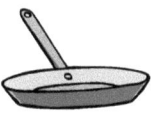

pan

sartén

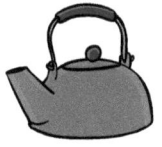

cerek

pava

pengukus

vaporera

dulang pembakar

bandeja de horno

pinggan mangkuk

vajilla

koleh

taza

mangkuk

bol

penyepit

palitos

senduk

cucharón

spatula

estpátula

pengadun

batidora

penapis

colador

ayak

colador

pemarut

rallador

mortar

mortero

barbeku

parrilla

pembakaran terbuka

fogata

papan pencincang

tabla de picar

pin golekan

palo de amasar

skru gabus

sacacorchos

tin

lata

pembuka tin

abrelatas

pemegang periuk

manopla

sinki

pileta

berus

cepillo

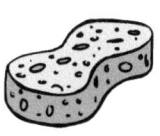

span

esponja

pengisar

batidora

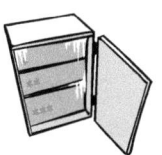

penyejuk beku

congelador

botol bayi

mamadera

paip

canilla

bilik air

baño

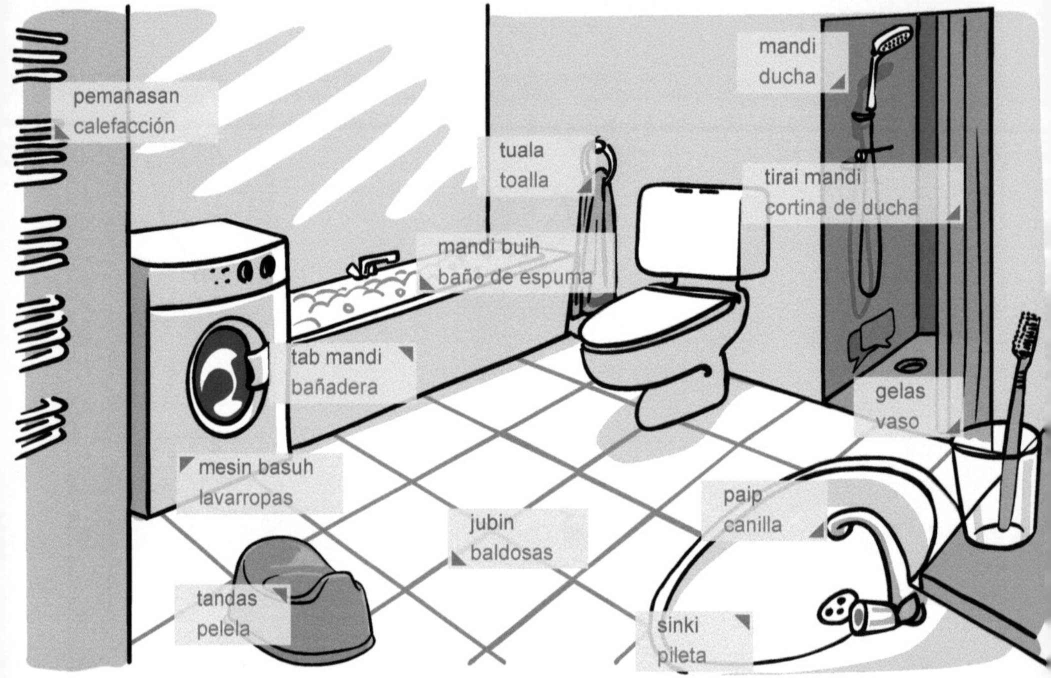

mandi
ducha
pemanasan
calefacción
tuala
toalla
tirai mandi
cortina de ducha
mandi buih
baño de espuma
tab mandi
bañadera
gelas
vaso
mesin basuh
lavarropas
paip
canilla
jubin
baldosas
tandas
pelela
sinki
pileta

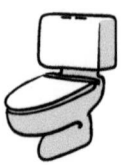

tandas

inodoro

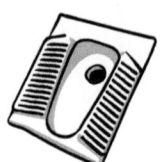

tandas mencangkung

letrina

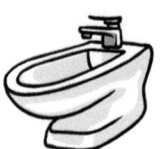

mangkuk tandas

bidé

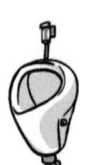

tandas awam

mingitorio

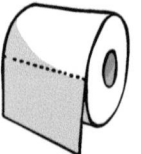

kertas tandas

papel higiénico

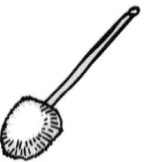

berus tandas

cepillo para el inodoro

berus gigi

cepillo de dientes

ubat gigi

dentífrico

flos gigi

hilo dental

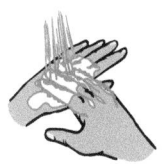

cuci

lavar

mandian tangan

ducha de mano

pancuran

ducha higiénica

besen

palangana

belakang berus

cepillo para espalda

sabun

jabón

gel mandian

gel de ducha

syampu

shampoo

flanel

toallita

longkang

desagüe

krim

crema

deodoran

desodorante

cermin

espejo

cermin tangan

espejito

pisau cukur

maquinita de afeitar

busa cukur

espuma de afeitar

selepas cukur

aftershave

sikat

peine

berus

cepillo

pengering rambut

secador de pelo

semburan rambut

spray

mekap

maquillaje

gincu

lápiz de labios

varnis kuku

esmalte para uñas

bulu kapas

algodón

gunting kuku

tijera para uñas

pewangi

perfume

beg basuhan

portacosméticos

bangku

banqueta

skala berat

balanza

jubah mandi

bata

sarung tangan getah

guantes de goma

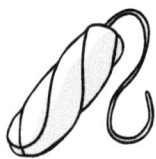

kapas

tampón

tuala wanita

toallita femenina

tandas kimia

baño químico

bilik kanak-kanak

cuarto de los chicos

jam loceng
despertador
mainan kegemaran
peluche
kereta mainan
coche de juguete
kerincing bayi
sonajero
rumah anak patung
casa de muñecas
hadiah
regalo

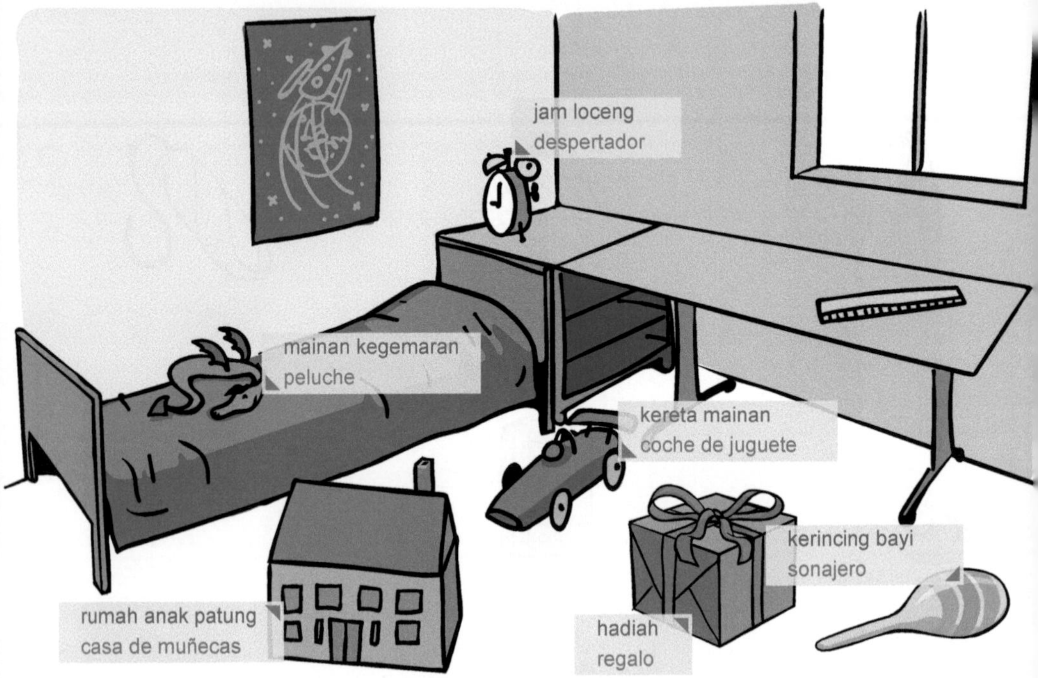

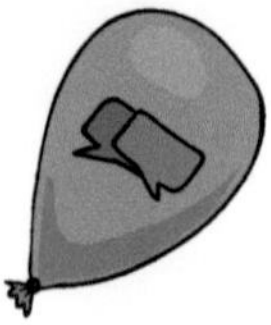

belon

globo

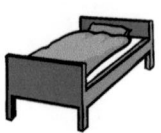

katil

cama

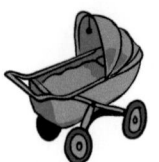

kereta sorong bayi

cochecito

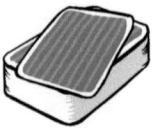

set kad

cartas

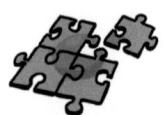

susun suai gambar

rompecabezas

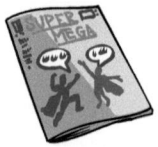

komik

historieta

batu bata lego

piezas de lego

blok mainan

ladrillos de juguete

figura aksi

figura de acción

baju bayi

enterito (de bebé)

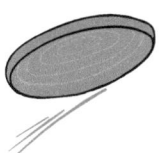

frisbee

frisbee

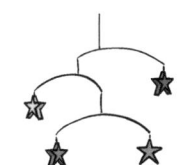

mainan bayi mudah alih

móvil para bebés

permainan papan

juego de mesa

dadu

dados

set model kereta api

tren eléctrico

palsu

chupete

parti

fiesta

buku bergambar

libro de cuentos ilustrado

bola

pelota

anak patung

muñeca

main

jugar

lubang pasir

arenero

buai

hamaca

mainan

juguetes

konsol permainan video

consola de videojuegos

basikal roda tiga

triciclo

anak patung beruang

osito de peluche

almari pakaian

armario

pakaian

ropa

stoking

medias

stoking

medias panty

ketat

calzas

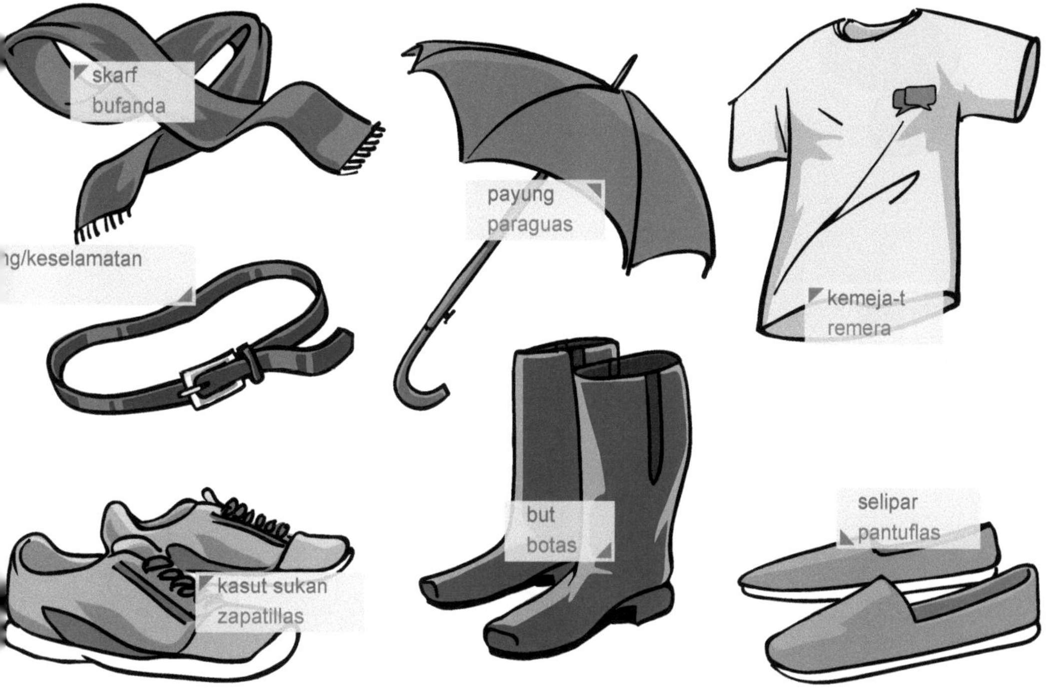

skarf
bufanda

payung
paraguas

kemeja-t
remera

ng/keselamatan

but
botas

selipar
pantuflas

kasut sukan
zapatillas

sandal
sandalias

kasut
zapatos

but getah
botas de goma

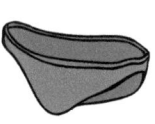

seluar dalam
ropa interior

coli
corpiño

ves
chaleco

badan

body

Seluar panjang

pantalones

jean

jeans

skirt

pollera

blaus

blusa

kemeja

camisa

baju panas sarung

pulóver

sweater

buzo

blazer

blazer

jaket

campera

kot

tapado

baju hujan

piloto

kostum

traje

pakaian

vestido

baju pengantin

vestido de novia

sut
traje

baju tidur
camisón

baju tidur
pijama

sari
sari

skarf kepala
pañuelo para cabeza

serban
turbante

burqa
burka

kaftan
caftán

abaya/jubah
abaya

baju renang
traje de baño

seluar renang
short de baño

seluar pendek
shorts

sut balapan
jogging

apron
delantal

sarung tangan
guantes

butang

botón

cermin mata

anteojos

gelang tangan

pulsera

rantai leher

collar

cincin

anillo

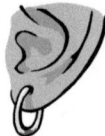

subang

aro

topi

gorra

penyangkut kot

percha

topi

sombrero

tali leher

corbata

zip

cierre

topi keledar

casco

pendakap

tiradores

uniform sekolah

uniforme escolar

seragam

uniforme

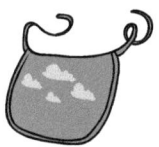

lapik dada

babero

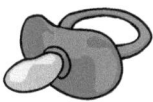

palsu

chupete

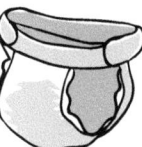

lampin

pañal

pejabat

oficina

pelayan
servidor
kabinet fail
archivero
mesin pencetak
impresora
kertas
papel
monitor
monitor
tetikus
mouse
meja
escritorio
folder
carpeta
papan kekunci
teclado
bakul sampah
tacho (de basura)
komputer
computadora
kerusi
silla

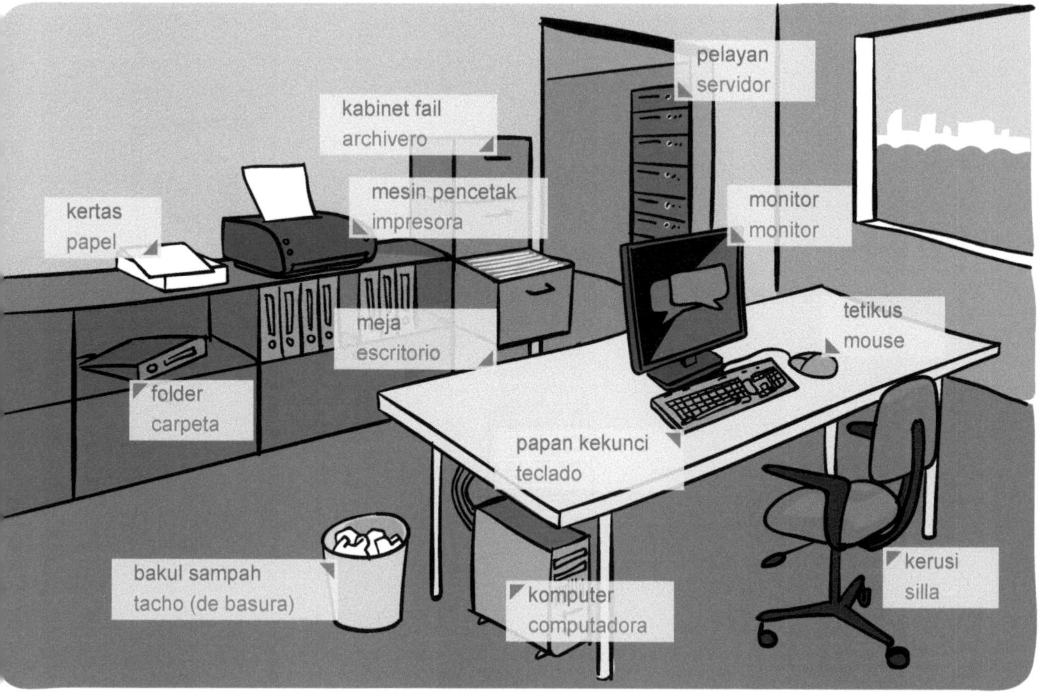

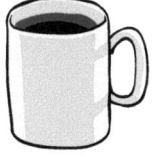

cawan kopi

taza de café

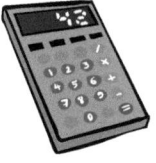

kalkulator

calculadora

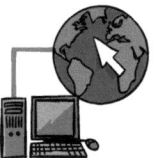

internet

internet

komputer riba

laptop

surat

carta

mesej

mensaje

mudah alih

celular

rangkaian

red

mesin fotokopi

fotocopiadora

perisian

software

telefon

teléfono

soket plag

tomacorriente

mesin faks

fax

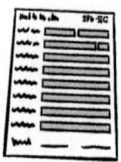

bentuk

formulario

dokumen

documento

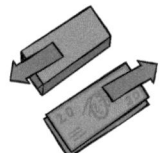

beli

comprar

bayar

pagar

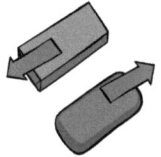

berdagang

hacer negocios

wang

dinero

dolar

dólar

euro

euro

yen

yen

rubel

rublo

franc swiss

franco suizo

renminbi yuan

yuan

rupee

rupia

mata tunai

cajero automático

pejabat tukaran mata wang

casa de cambio

emas

oro

perak

plata

minyak

petróleo

tenaga

energía

harga

precio

kontrak

contrato

cukai

impuesto

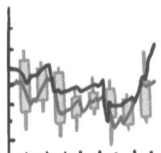

stok

acción

kerja

trabajar

pekerja

empleado

majikan

empleador

kilang

fábrica

kedai

negocio

ekonomi - economía

pekerjaan
ocupaciones

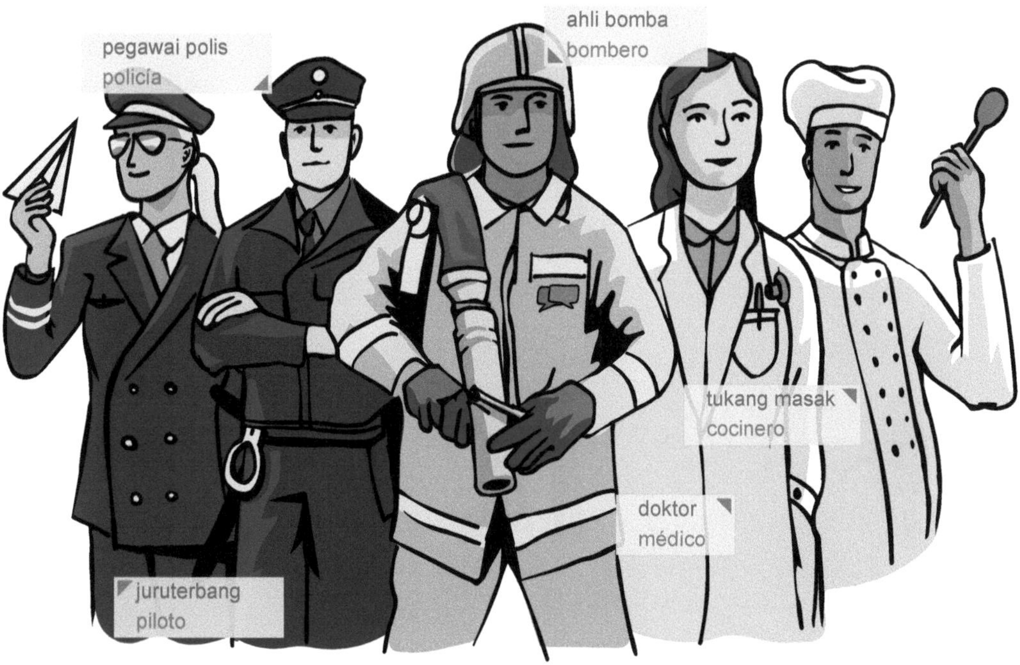
pegawai polis
policía
ahli bomba
bombero
tukang masak
cocinero
doktor
médico
juruterbang
piloto

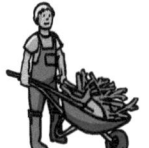

tukang kebun

jardinero

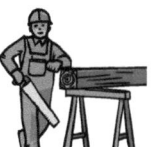

tukang kayu

carpintero

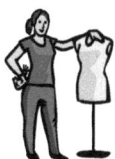

tukang jahit

modista

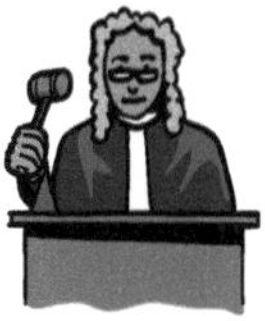

hakim

juez

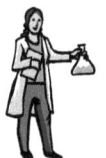

ahli kimia

farmacéutico

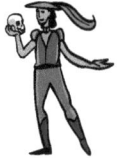

pelakon

actor

pemandu bas

colectivero

pemandu teksi

taxista

nelayan

pescador

wanita pencuci

mucama

kasau

techista

pelayan

mozo

pemburu

cazador

pelukis

pintor

bakeri

panadero

juruelektrik

electricista

pembangun

albañil

jurutera

ingeniero

penjual daging

carnicero

tukang paip

plomero

posmen

cartero

askar
soldado

arkitek
arquitecto

juruwang
cajero

kedai bunga
florista

pendandan rambut
peluquero

konduktor
cobrador

mekanik
mecánico

kapten
capitán

doktor gigi
dentista

ahli sains
científico

tuhanku
rabino

imam
imán

sami
monje

paderi
sacerdote

alat

herramientas

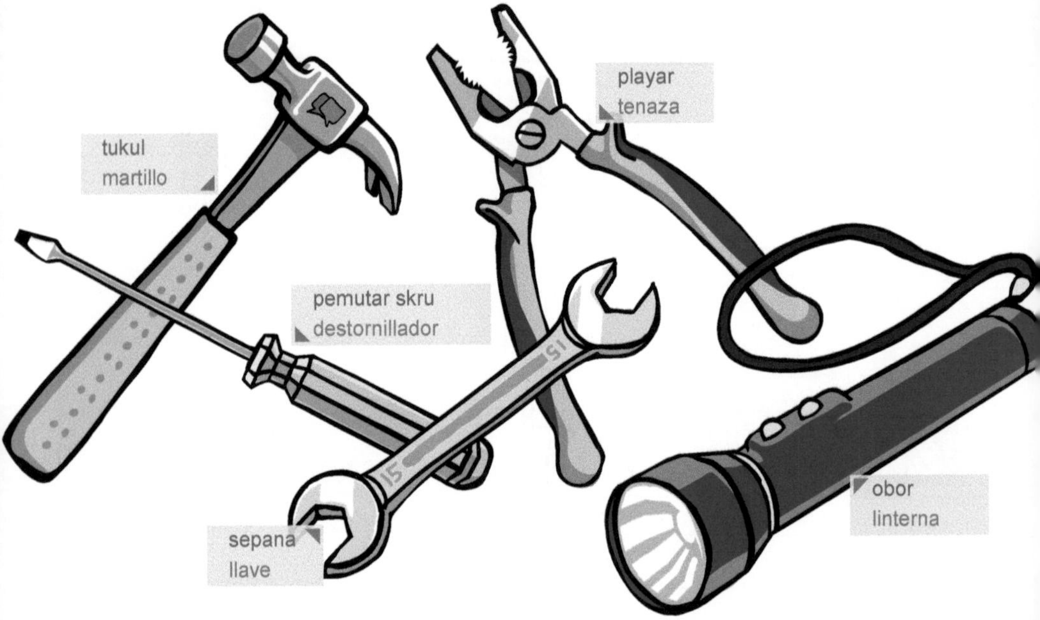
tukul
martillo
playar
tenaza
pemutar skru
destornillador
sepana
llave
obor
linterna

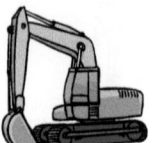

pengorek

excavadora

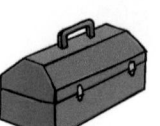

kotak peralatan

caja de herramientas

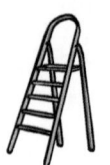

tangga

escalera portátil

gergaji

sierra

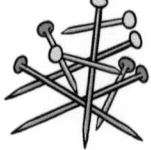

kuku

clavos

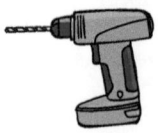

gerudi

taladro

baiki

arreglar

penyodok

pala de jardín

Celaka!

¡Qué bronca!

penadah sampah

pala de plástico

periuk cat

tacho de pintura

skru

tornillos

alat muzik
instrumentos musicales

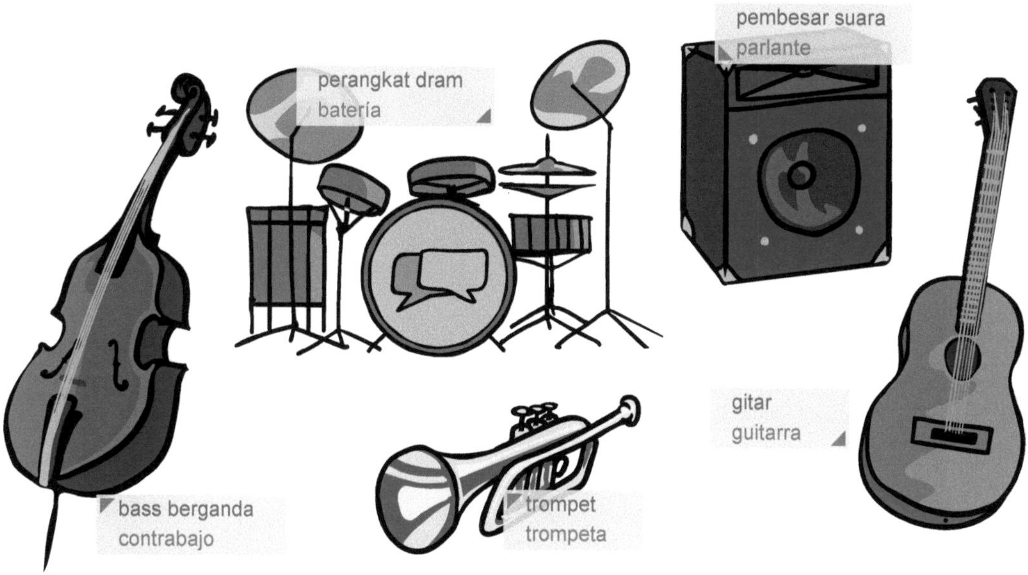

perangkat dram
batería

pembesar suara
parlante

gitar
guitarra

bass berganda
contrabajo

trompet
trompeta

piano
piano

biola
violín

bass
bajo

timpani
timbales

dram
tambor

papan kekunci
teclado

saksofon
saxofón

seruling
flauta

mikrofon
micrófono

zoo

zoológico

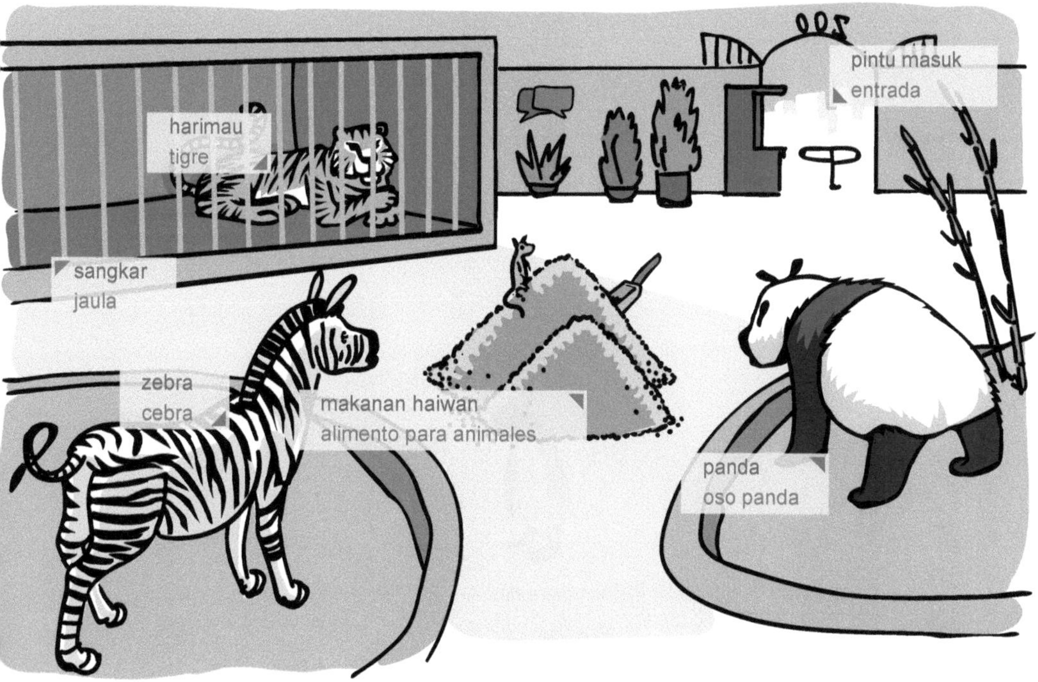
pintu masuk
entrada
harimau
tigre
sangkar
jaula
zebra
cebra
makanan haiwan
alimento para animales
panda
oso panda

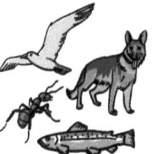

haiwan

animales

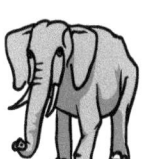

gajah

elefante

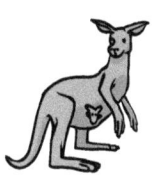

kanggaru

canguro

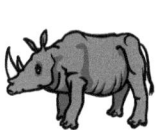

badak sumbu

rinoceronte

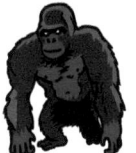

gorila

gorila

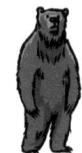

beruang

oso

unta

camello

burung unta

avestruz

singa

león

monyet

mono

flamingo

flamenco

nuri

loro

beruang kutub

oso polar

penguin

pingüino

yu

tiburón

merak

pavo real

ular

serpiente

buaya

cocodrilo

penjaga zoo

cuidador del zoológico

anjing laut

foca

jaguar

jaguar

kuda

poni

harimau

leopardo

badak air

hipopótamo

zirafah

jirafa

helang

águila

babi jantan

jabalí

ikan

pescado

penyu

tortuga

anjing laut

morsa

musang

zorro

rusa

gacela

bola sepak Amerika
fútbol americano

berbasikal
ciclismo

tenis
tenis

bola keranjang
básquet

renang
natación

tinju
boxeo

hoki ais
hockey sobre hielo

bola sepak
fútbol

badminton
bádminton

olahraga
atletismo

bola baling
handball

ski
esquí

polo
polo

ketawa
reír

lompat
saltar

peluk
abrazar

berjalan
caminar

menyanyi
cantar

mimpi
soñar

berdoa
rezar

cium
besar

tulis
escribir

lukis
dibujar

tunjuk
mostrar

tolak
presionar

beri
dar

ambil
tomar

ada
tener

buat
hacer

ialah
ser

berdiri
estar parado

lari
correr

tarik
tirar

buang
tirar

jatuh
caer

tipu
estar acostado

tunggu
esperar

bawa
llevar

duduk
estar sentado

pakai
vestirse

tidur
dormir

bangkit
despertar

lihat pada

mirar

menangis

llorar

strok

acariciar

sikat

peinar

cakap

hablar

faham

entender

tanya

preguntar

dengar

escuchar

minum

beber

makan

comer

mengemas

ordenar

sayang

amar

masak

cocinar

pandu

manejar

terbang

volar

aktiviti - actividades

belayar

navegar

kira

calcular

baca

leer

belajar

aprender

kerja

trabajar

nikah

casarse

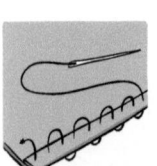

jahit

coser

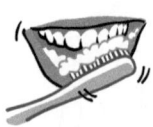

memberus gigi

cepillarse los dientes

bunuh

matar

asap

fumar

hantar

enviar

keluarga
familia

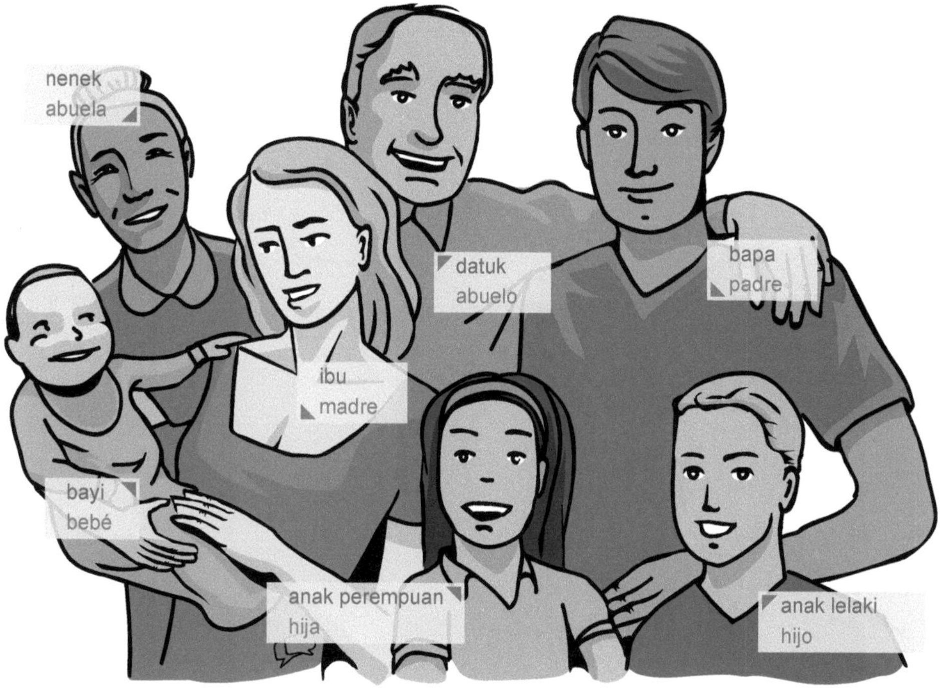

nenek
abuela
datuk
abuelo
bapa
padre
ibu
madre
bayi
bebé
anak perempuan
hija
anak lelaki
hijo

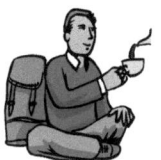

tetamu
invitado

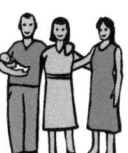

mak cik
tía

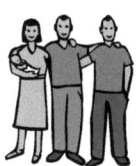

pak cik
tío

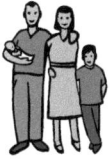

abang
hermano

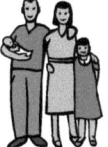

kakak
hermana

badan

cuerpo

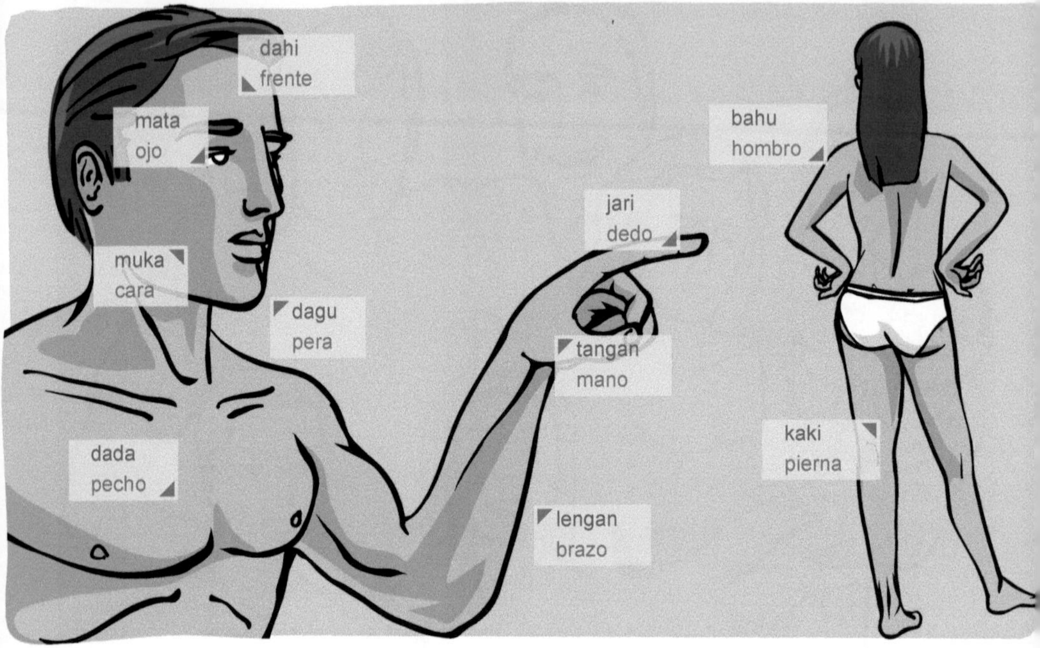
dahi
frente
mata
ojo
bahu
hombro
jari
dedo
muka
cara
dagu
pera
tangan
mano
kaki
pierna
dada
pecho
lengan
brazo

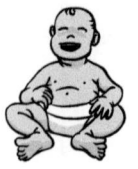

bayi

bebé

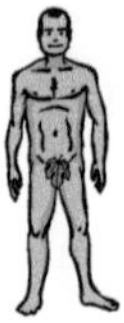

lelaki

hombre

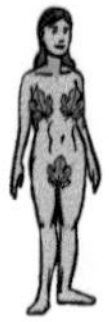

wanita

mujer

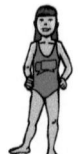

perempuan

nena

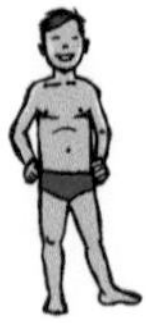

lelaki

nene

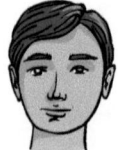

kepala

cabeza

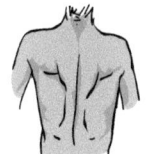

belakang
espalda

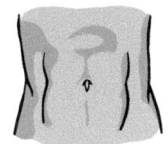

bawah perut
panza

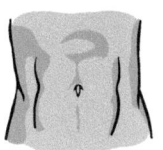

pusat
ombligo

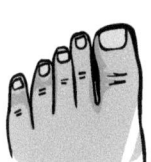

jari kaki
dedo del pie

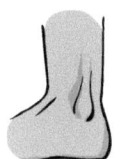

tumit
talón

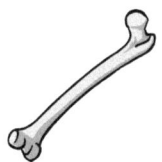

tulang
hueso

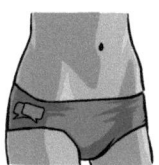

pinggul
cadera

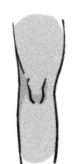

lutut
rodilla

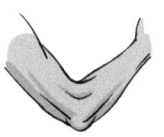

siku
codo

hidung
nariz

bawah
cola

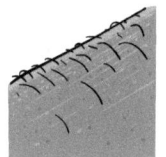

kulit
piel

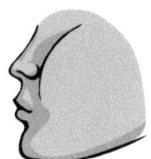

pipi
cachete

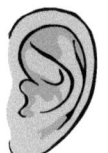

telinga
oreja

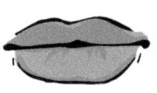

bibir
labio

mulut

boca

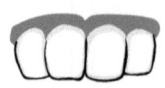

gigi

diente

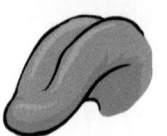

lidah

lengua

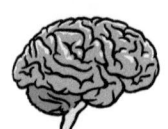

otak

cerebro

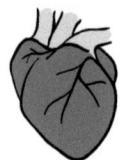

hati

corazón

otot

músculo

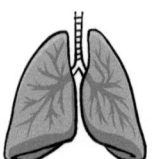

paru-paru

pulmón

hati

hígado

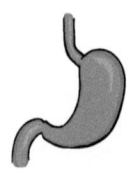

perut

estómago

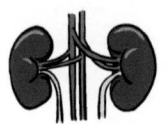

buah pinggang

riñones

seks

sexo

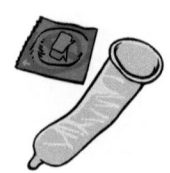

kondom

preservativo

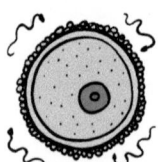

faraj

óvulo

mani

semen

mengandung

embarazo

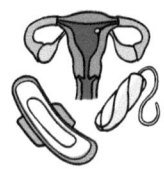

haid
menstruación

faraj
vagina

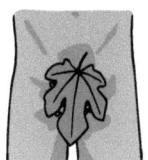

penis
pene

kening
ceja

rambut
pelo

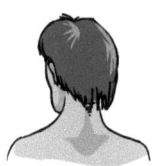

leher
cuello

hospital

hospital

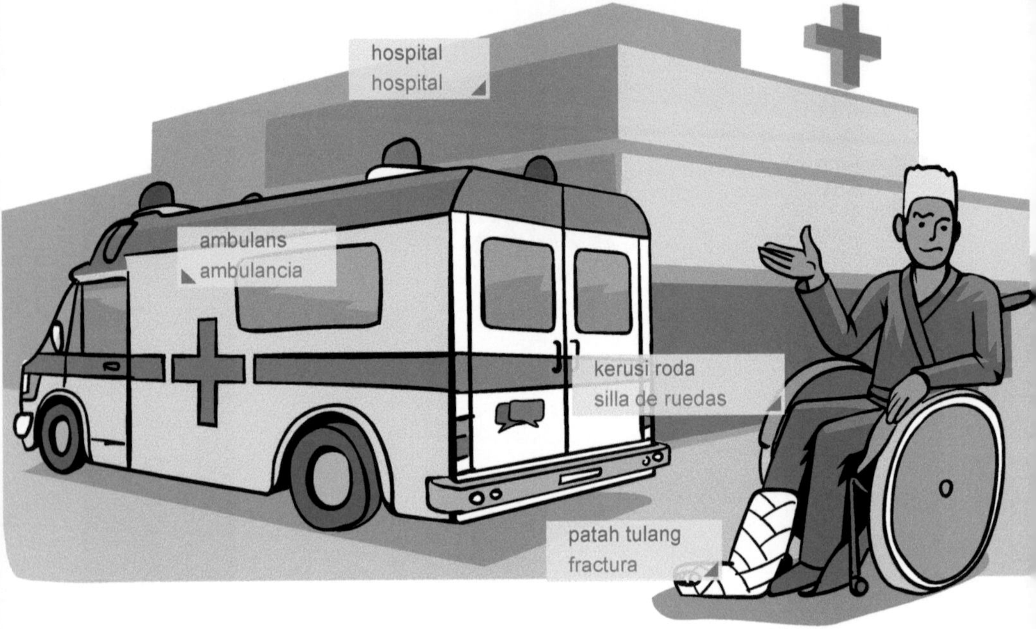

hospital
hospital
ambulans
ambulancia
kerusi roda
silla de ruedas
patah tulang
fractura

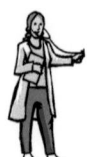

doktor

médico

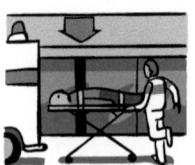

bilik kecemasan

sala de guardia

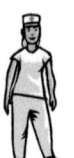

jururawat

enfermera

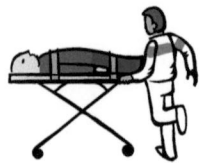

kecemasan

emergencia

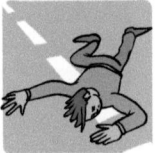

tak sedar

inconsciente

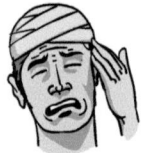

sakit

dolor

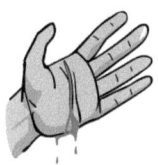

kecederaan
lesión

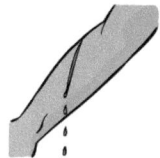

pendarahan
hemorragia

serangan jantung
infarto

strok
ACV

alergi
alergia

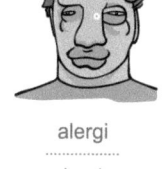

batuk
tos

demam
fiebre

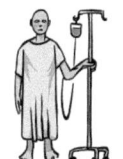

selesema
gripe

cirit-birit
diarrea

sakit kepala
dolor de cabeza

kanser
cáncer

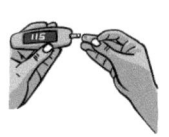

diabetes
diabetes

pakar bedah
cirujano

pisau bedah
bisturí

pembedahan
operación

CT

TC

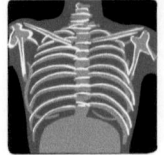

x-ray

rayos x

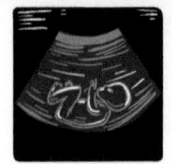

ultrabunyi

ecografía

topeng muka

barbijo

penyakit

enfermedad

bilik menunggu

sala de espera

penongkat

muleta

plaster

curita

pembalut

venda

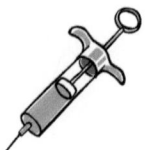

suntikan

inyección

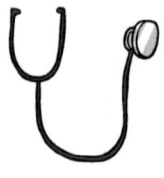

stetoskop

estetoscopio

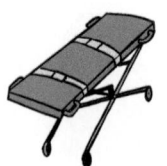

pengusung

camilla

termometer klinik

termómetro

kelahiran

nacimiento

berat badan berlebihan

sobrepeso

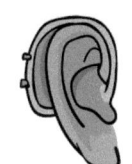

alat pendengaran

audífono

disinfektan

desinfectante

jangkitan

infección

virus

virus

HIV / AIDS

VIH / SIDA

perubatan

remedio

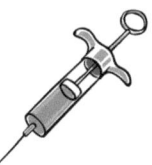

vaksinasi

vacunación

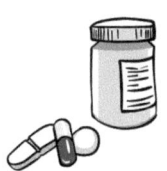

tablet

comprimidos

pil

pastilla anticonceptiva

panggilan kecemasan

llamada de emergencia

pantau tekanan darah

tensiómetro

sakit / sihat

enfermo / sano

Tolong!

¡Ayuda!

penggera

alarma

serang

agresión

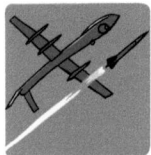

serangan

ataque

bahaya

peligro

pintu kecemasan

salida de emergencia

Api!

¡Fuego!

alat pemadam api

matafuego

kemalangan

accidente

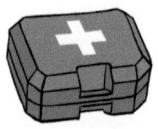

alat pertolongan cemas

botiquín de primeros
auxilios

SOS

SOS

polis

policía

Eropah

Europa

Amerika Utara

América del Norte

Amerika Selatan

América del Sur

Afrika

África

Asia

Asia

Australia

Australia

Atlantic

Atlántico

Pasifik

Pacífico

Lautan Hindi

Océano Índico

Lautan Antartik

Océano Antártico

Lautan Artik

Océano Ártico

Kutub utara

polo norte

Kutub Selatan

polo sur

Antartika

Antártida

bumi

Tierra

tanah

tierra

laut

mar

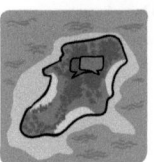

pulau

isla

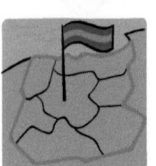

negara

nación

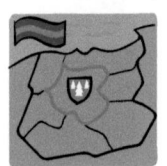

negeri

estado

muka jam

esfera

tangan jam

manecilla de las horas

tangan minit

minutero

terpakai

segundero

Jam berapa sekarang

¿Qué hora es?

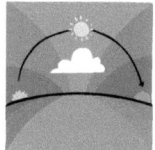

hari

día

masa

hora

sekarang

ahora

jam digital

reloj digital

minit

minuto

jam

hora

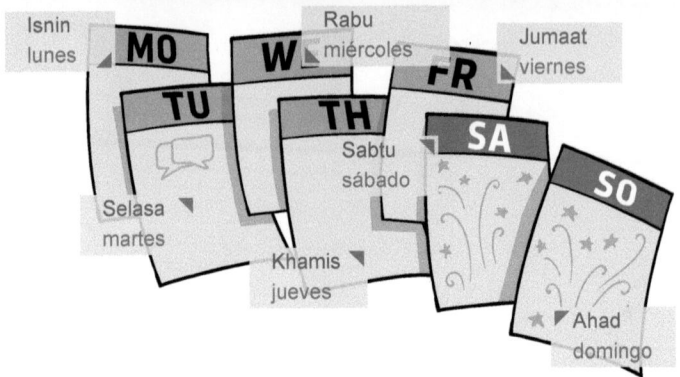

Isnin / lunes — MO
Rabu / miércoles — W
Jumaat / viernes — FR
TU
TH
SA
Selasa / martes
Sabtu / sábado
Khamis / jueves
SO
Ahad / domingo

semalam

ayer

hari ini

hoy

esok

mañana

pagi

mañana

tengah hari

mediodía

petang

tarde

MO	TU	WE	TH	FR	SA	SU
1	2	3	4	5	6	7
8	9	10	11	12	13	14
15	16	17	18	19	20	21
22	23	24	25	26	27	28
29	30	31	1	2	3	4

hari kerja

días hábiles

MO	TU	WE	TH	FR	SA	SU
1	2	3	4	5	6	7
8	9	10	11	12	13	14
15	16	17	18	19	20	21
22	23	24	25	26	27	28
29	30	31	1	2	3	4

hari minggu

fin de semana

tahun

año

hujan
lluvia
pelangi
arco iris
angin
viento
salji
nieve
musim bunga
primavera
musim panas
verano
musim luruh
otoño
musim salji
invierno

4.APRIL 11°
5.APRIL 4°
6.APRIL 13°
7.APRIL 8°
8.APRIL 10°

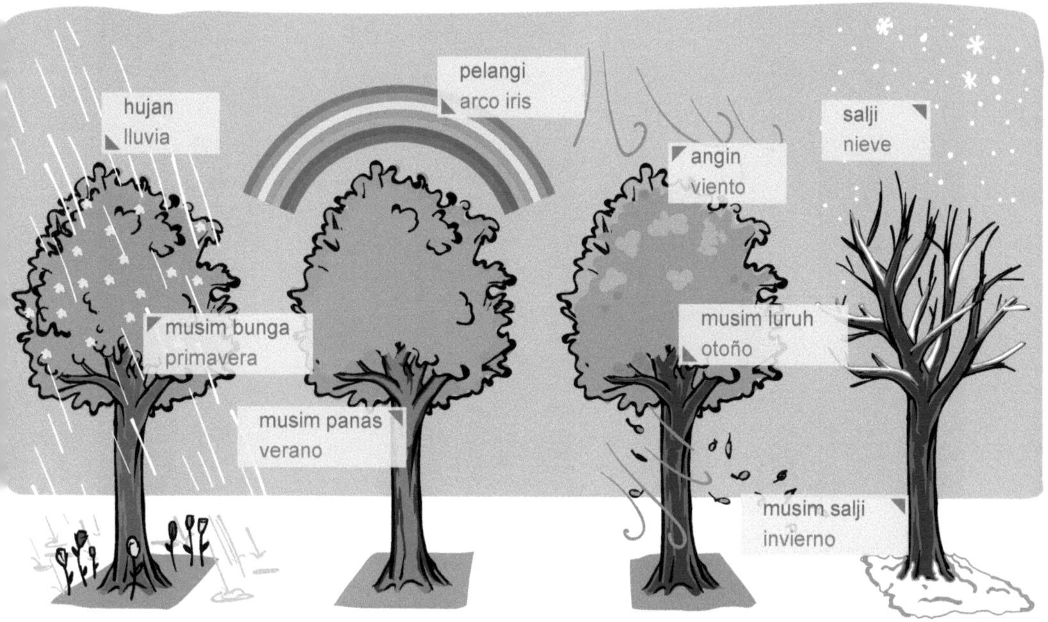

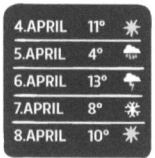

ramalan cuaca

pronóstico meteorológico

F C
120 40
90 30
60 20
30 10
0 0
-30 -10
-20

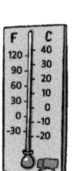

termometer

termómetro

sinar matahari

luz del sol

awan

nube

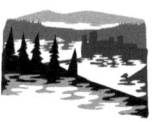

kabus

niebla

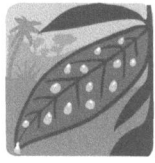

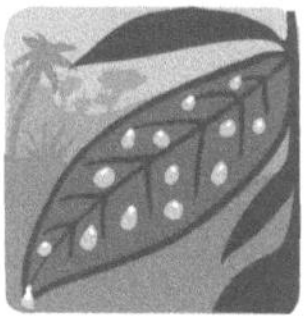

lembapan

humedad

kilat
....
rayo

petir
....
trueno

ribut
....
tormenta

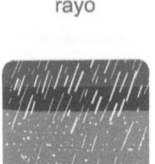

hujan batu
....
granizo

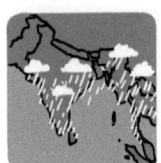

monsun
....
monzón

banjir
....
inundación

ais
....
hielo

Januari
....
enero

Februari
....
febrero

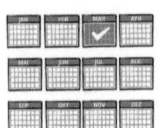

Mac
....
marzo

April
....
abril

Mei
....
mayo

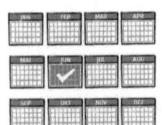

Jun
....
junio

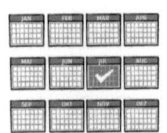

Julai
....
julio

Ogos
....
agosto

September
....
septiembre

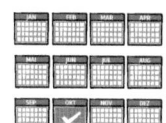

Oktober
....
octubre

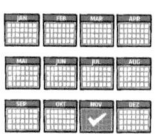

November
....
noviembre

Disember
....
diciembre

bulatan
....
círculo

petak
....
cuadrado

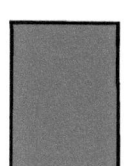

segi empat tepat
....
rectángulo

segitiga
....
triángulo

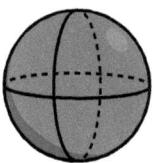

sfera
....
esfera

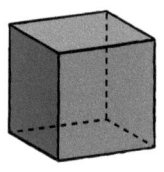

kiub
....
cubo

putih

blanco

kuning

amarillo

oren

naranja

merah jambu

rosa

merah

rojo

ungu

violeta

biru

azul

hijau

verde

coklat

marrón

kelabu

gris

hitam

negro

banyak / sedikit

mucho / poco

marah / tenang

enojado / tranquilo

cantik / hodoh

lindo / feo

bermula / tamat

principio / fin

besar kecil

grande / chico

terang / gelap

claro / oscuro

abang / kakak

hermano / hermana

bersih / kotor

limpio / sucio

lengkap / tidak lengkap

completo / incompleto

hari / malam

día / noche

mati / hidup

muerto / vivo

luas / sempit

ancho / angosto

boleh dimakan / tidak boleh dimakan

comestible / no comestible

jahat / baik

malo / amable

teruja / bosan

entusiasmado / aburrido

gemuk / kurus

gordo / flaco

pertama / terakhir

primero / último

kawan / musuh

amigo / enemigo

penuh / kosong

lleno / vacío

keras / lembut

duro / blando

berat / ringan

pesado / liviano

lapar / dahaga

hambre / sed

sakit / sihat

enfermo / sano

menyalahi undang-undang / undang-undang

ilegal / legal

pintar / bodoh

inteligente / estúpido

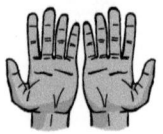

kiri / kanan

izquierda / derecha

dekat / jauh

cerca / lejos

baru / lama

nuevo / usado

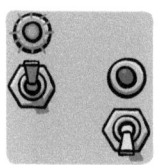

tiada / sesuatu

nada / algo

tua / muda

viejo / joven

hidup / mati

encendido / apagado

terbuka / tertutup

abierto / cerrado

diam / bising

silencioso / ruidoso

kaya / miskin

rico / pobre

betul / salah

correcto / incorrecto

kasar / halus

áspero / suave

sedih / gembira

triste / contento

pendek / panjang

corto / largo

lambat / laju

lento / rápido

basah / kering

mojado / seco

panas / sejuk

caliente / frío

berperang / berdamai

guerra / paz

0

sifar

cero

1

satu

uno

2

dua

dos

3

tiga

tres

4

empat

cuatro

5

lima

cinco

6

enam

seis

7

tujuh

siete

8

lapan

ocho

9

sembilan

nueve

10

sepuluh

diez

11

sebelas

once

12

dua belas

doce

13

tiga belas

trece

14

empat belas

catorce

15

lima belas

quince

16

enam belas

dieciséis

17

tujuh belas

diecisiete

18

lapan belas

dieciocho

19

Sembilan belas

diecinueve

20

dua puluh

veinte

100

ratus

cien

1.000

ribu

mil

1.000.000

juta

millón

Bahasa Inggeris

inglés

Bahasa Inggeris Amerika

inglés americano

Bahasa Cina Mandarin

chino mandarín

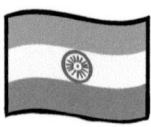

Bahasa Hindi

hindi

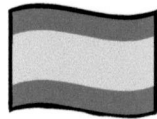

Bahasa Sepanyol

español

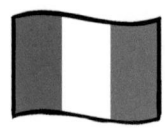

Bahasa Perancis

francés

Bahasa Arab

árabe

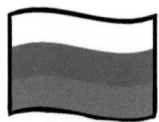

Bahasa Rusia

ruso

Bahasa Portugis

portugués

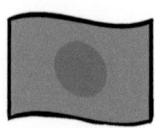

Bahasa Benggali

bengalí

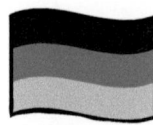

Bahasa Jerman

alemán

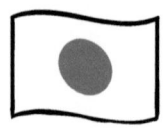

Bahasa Jepun

japonés

saya

yo

anda

vos

dia / dia / ia

él / ella

kita

nosotros

anda

ustedes

mereka

ellos

siapa?

¿quién?

apa?

¿qué?

bagaimana?

¿cómo?

di mana?

¿dónde?

bila?

¿cuándo?

nama

nombre

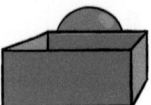

belakang

detrás

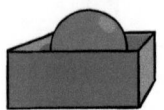

dalam

en

di hadapan

adelante de

lebih

por encima de

pada

sobre

di bawah

debajo de

bersebelahan

al lado de

antara

entre

tempat

lugar